1896. Février 10

VENTE DU LUNDI 10 FÉVRIER 1896

HOTEL DROUOT, SALLE n° 8.

ESTAMPES

ANCIENNES ET MODERNES

ÉCOLES ANGLAISE ET FRANÇAISE

DU XVIIIe SIÈCLE

EN NOIR ET EN COULEUR

CARICATURES

GRAVURES EN LOTS

Me MAURICE DELESTRE
COMMISSAIRE-PRISEUR
27, Rue Drouot, 27

M. DUPONT AINÉ
MARCHAND D'ESTAMPES
15, Rue de Seine, 15

CATALOGUE (N° 142)

D'ESTAMPES

ANCIENNES ET MODERNES

principalement

DES ÉCOLES ANGLAISE & FRANÇAISE

DU XVIIIe SIÈCLE

en noir et en couleur.

CARICATURES

PORTRAITS, MODES ET COSTUMES, SPORT, VUES, VIGNETTES, DESSINS

GRAVURES EN LOTS

DONT LA VENTE AURA LIEU

HOTEL DES COMMISSAIRES PRISEURS, RUE DROUOT

Salle n° 8.

Le Lundi 10 Février 1896

à deux heures précises.

Par le ministère de Me **MAURICE DELESTRE,** commissaire-priseur,
Rue Drouot, n° 27.

Assisté de M. **DUPONT** aîné, marchand d'Estampes, rue de Seine, n° 15.

Paris, 1896.

CONDITIONS DE LA VENTE

Elle sera faite au comptant.

Les acquéreurs paieront 5 % en sus des enchères, applicables aux frais.

M. Dupont se réserve la faculté de réunir ou de diviser les lots.

L'ordre du Catalogue sera suivi.

DÉSIGNATION

ESTAMPES

ALIX (P. M.)

1 — Louis XVIII d'après Pasquier, in-fol. Très belle épreuve en couleur, grandes marges.

BARTOLOZZI dir.

2 — L'Allégra, d'après Angelica Kauffmann. Très belle épreuve en bistre.

BELLANGÉ (H.)

3 — Le Bivouac (J. Adeline 370). — Le billet de logement (389). Deux pièces, épreuves avec croquis dans les marges. Très rares.

BOLDRINI

4 — Le général Le Clerc, à cheval, in-fol. Très belle épreuve en couleur, marge.

BOSSE (Abr.)

5 — Un garde française. — Les Sens. — Jeanne d'Arc. Sept pièces.

BOUCHER (Fr.)

6 — Nymphes au bain, par Demarteau. Très belle épreuve en couleur.

7 — Vénus et l'Amour, par Bonnet. Très belle épreuve aux deux crayons.

8 — Diane au bain, in-fol. Très belle épreuve en couleur avant toutes lettres.

BOUCHER et HUET

9 — Nymphe et Naïade par Demarteau. Deux pièces, très belles épreuves en couleur.

CALAMATTA

10 — Portrait de George Sand, in-8. Très belle épreuve avant la lettre.

11 — Le duc d'Orléans, d'après Ingres, in-fol. Très belle épreuve sur Chine.

CAMPION (C.)

12 — La Cathédrale d'Orléans, d'après Moreau le jeune. — Fleuron de titre. — Vues. Ensemble quatre pièces imprimées sur la même feuille.

CARICATURES

13 — Caricatures sur la Reine Caroline : The guard wot looks arter the sovereign. — Making décent or preparing for St George day. Deux pièces, très belles épreuves coloriées.

14 — Welcome home. — King Henry IV. Deux pièces coloriées.

15 — The Présentation of Dollalolla accompagned by the might y thumb. — Reading the *Times*. Deux pièces coloriées.

16 — The Royal-George. — A View of the Grand barge. — The Chinese fishing house. — A King-fisher. Quatre pièces coloriées.

17 — Take up your bed and walk ! — Needs must when Well-drives. — King Henry IV. — The Trone in danger. — State of the giraffe. Cinq pièces coloriées.

18 — Head and tail or a crown piece and a sovereign. — A scéne in the honey moon. — A Fishing party. — Matrimonial infelicities. Quatre pièces coloriées.

19 — The Promenade. — The nurce, child and playting. — A Political reflection. — Majesty and Grace. — The high and mighty Queen receiving an address. Cinq pièces coloriées.

20 — Caricatures sur Wellington : The Tory band. — The funeral of Tory-principle. Deux pièces coloriées.

21 — A Frontispicce to British héraldy. — The prime lobster. — A Devilish good parody. — A Commanding view of the Wellington hill. Quatre pièces coloriées.

22 — Leaving the house of Lords. — The extinguisher. — The Wellington testimonial. — Oh what a falling off was there. — Wellington house acadumy. Cinq pièces coloriées.

23 — A Tory triumph. — The Tory band. — The man wot looks arter the diadem. — Actor of all work. Quatre pièces coloriées.

24 — Receiving absolution for past hérésies. — Anticipation or the Tithes in danger. — How to keep one's place. — The man wot can change the sovereign. — The testimonial, to be erected in the Phenix-park Dublin. Cinq pièces coloriées.

25 — Recruiting Party. — The Blessing of military Lawgivers. — Take care of your pockets. — Druming out. — Alas ! poor Johnny ! Cinq pièces coloriées.

26 — A voice from Paris. — Questions to be Answered. — A Courier from France. — Embarkation of a french cargo in english bottom. Quatre pièces coloriées.

27 — The man wot drives the Sovereign. — Caleb quotem the Parish factotum. — A political riddle. — Political harmonics. —The apparition. Cinq pièces coloriées.

28 — The Grand match. — Unholy alliance. — The balance of power in 1831. — Auction extraordinary. — Repulsed but not discouraged. — Repose. — The old white lion. — The abstruce Joke. Huit pièces coloriées.

29 — New mode of military discipline. — Wanted a servant of all work. — The Head master turning out the Incorrigibles. — A change in the head of affairs. — The cabinet-make'rs complaint. — The Reformers victorious! — A Publican and Sinner. — My fathe'rs ghost. Huit pièces coloriées.

30 — Caricatures sur le duc de Cumberland : The Jockey. — The prophecy. - Retrenchment. — Hint dropping. — Old bags and his new friends. Cinq pièces coloriées.

31 — Caricatures relatives à la Grèce : A confortable thing to be king of Greece. — Mrs Greece and her rough lovers. — Imperial bears greece. — The greek papers. -- The nest in danger. Cinq pièces coloriées.

32 — Caricatures relatives à la Turquie : The Allied gourmands taking a luncheon. -- An allegory. — Presenting a bill of indemnification. — The Turkey at bay. — The descent of the great bear. Cinq pièces coloriées.

33 — An Irish funeral, gr. in-fol. Très belle épreuve coloriée.

34 — Drilling the Invincibles. Belle épreuve coloriée.

35 — Elements of Skateing. — Locomotion. — Pat's comment on steam engines. Trois pièces coloriées.

36 — The march of invention. — The march of intellect. Quatre pièces coloriées.

37 — A sketch of the row. in Papliament street. — Termination in the row. A slap at the Charleys. — Burning poor old Mrs Constitution. Quatre pièces coloriées.

38 — Riding a Roebuck. — The Head ranger and his fallowdeer. — The Beast among the graves again. — A Great actor in the popular farce. Quatre pièces coloriées.

39 — Dressing for the house on the march 1829 . — The goat wot lost his beard. — Consolation. — A joinder in the pleas. — Varnishing. Cinq pièces coloriées.

40 — Arrival of the Lilliputian queen of the Portugeese. — The great Joss and his playthings. — The Betrothing interrupted by the Ghost. — A birds eye view. Quatre pièces coloriées.

41 — One of the tenth. — Peel, Peel, swan river peel ! — A head for the Cabinet. — The slap uw swell wot drives.— Old Nic the covey wot drives the Bexley van. — The cad. — A Dalmetian. Sept pièces coloriées.

42 — John Bull and the architect. — The Pillar of the state or John Bull overloaded. — A national characteristic. — Dr Arthur and his man Bob giving John Bull a bolus. — John Bull complaint to the public schoolmaster. Cinq pièces coloriées.

43 — Caricatures diverses. Sept pièces coloriées.

44 – Caricatures. Onze pièces en noir.

CHALON (H. B.)

45 — Gypsy, the portrait of a favorite Lap dog of King-Charles breed. Belle épreuve en couleur.

CHARDIN

46 — Dame prenant son thé. — Le château de cartes, par Fillœul. Deux pièces, très belles épreuves.

CHARLET

47 — Le Carabinier. — Le Voltigeur (Lacombe 204-205). in-fol. Deux pièces, très belles épreuves. Rares.

CHARON

48 — Le général Bertrand, en pied, d'après Dussaulsoy. — Le maréchal Brune. — Le prince Poniatowski, d'après Aubry, in-fol. Trois pièces, très belles épreuves en couleur.

CHASTILLON (Cl.)

49 — La Place Dauphine construite dans la ville de Paris. durant le règne de Henri le Grand, in-fol. Très belle épreuve coloriée.

CIPRIANI

50 — La Belle dormeuse, d'après Miéris. Très belle épreuve avant toutes lettres.

CLATER (T.)

51 — Jem Burn's four Pets, par G. Zobel. Très belle épreuve.

CRUIKSHANK (G.)

52 — Beauties of Brighton. Très belle épreuve coloriée.

53 — The dancing lessons. Suite de cinq pièces coloriées, très belles épreuves, toute marge.

54 — Longitude et latitude of St-Pétersburgh. Très belle épreuve coloriée.

55 — Anglo-Parisian salutations. — The Effects of the new administration. Deux pièces coloriées.

56 — Liston's dream. — A dream in Dublin. Deux pièces coloriées

57 — The four M. Prices. — M. Liston et Mme Vestris. — John Bull's night mare. — Ax yer pardon, sir ! Quatre pièces coloriées.

58 — Caricatures relatives à la révolution de 1830. Trois pièces coloriées.

CRUIKSHANK (Rob.)

59 — Monstrosities of 1827. Très belle épreuve coloriée.

60 — The Royal mail without opposition. Belle épreuve coloriée.

61 — A Sketch at St-Albans. — The Morning after marriage. Deux pièces coloriées.

DAULLÉ (J.)

62 — M. de Nestier à cheval, in-fol. Très belle épreuve du 1er état avant l'adresse. Rare.

DELACROIX (Eug.)

63 — Lion de l'Atlas. — Tigre royal. Deux pièces, très belles épreuves manquant de conservation.

DELACROIX (d'ap.)

64 — L'hermite Copmanhurst et le Chevalier, par Prévost. Très belle épreuve, toute marge.

DESSINS

65 — **Andrieux**. Episode de la Révolution de 1848. Aquarelle signée.

66 — **Bellicard**. Ruines d'architecture avec figures. Dessin à la sépia. Signé et daté.

67 — **Bonington** (attr.). Portrait de Th. Gudin, peintre. Aquarelle signée. — A été gravé.

68 — **Couture** (Th.). Etudes de figures pour ses tableaux. Sept dessins à la mine de plomb.

69 — **Daumier** (attr.). Portrait de la mère du peintre H. Bellangé. Dessin gouaché.

70 — **Decamps** (attr.). Le Repas des Moissonneurs. Aquarelle signée.

71 — **Géricault** (attr.). Forgerons tenant un cheval. — Le Retour à la ferme. Deux dessins à la plume et à la sépia.

72 — **Dumoustier** (attr.). Portrait d'un vieillard. Dessin aux trois crayons.

73 — **Greuze** (J. B.). Etude de figure d'enfant. Dessin à la sanguine.

74 — **Johannot** et **Ramberg**. Vignettes. Six dessins au crayon et à l'encre de Chine.

75 — **Lancon** et **Trimolet**. Chauve-souris. — Bain froid du Pont-Neuf. Deux dessins à la pierre noire et à la plume. Signés.

76 — **Magaud**, de Lyon. Allégories sur les Beaux-arts. Six dessins à la pierre noire. Signés. — Ont été gravés,

77 — **Manglard** et **Viglianis**. Choc de cavalerie. — Paysage historique. Deux dessins à l'encre de Chine et à la pierre noire. Signés.

78 — **Moraine** (de). Vignette pour les Œuvres de Chateaubriand. Aquarelle signée.

79 — **Moreau** (attr.). Scène historique ; vignette. A la plume lavé de sépia.

80 — **Ozanne**. Le vaisseau le *Royal-Louis,* à Brest, 1785. A la pierre noire lavé d'encre de Chine. Signé.

81 — **Pinelli**. Costume de Tivoli. Aquarelle signée et datée 1817.

82 — **Rouargue**. Vues de Constantinople et de Gallipoli. Deux dessins à la mine de plomb lavés de sépia, signés. Ont été gravés.

83 — **Traviès**. Une rixe au cabaret. Dessin à la plume. Signé.

84 — **Wattier** (Em.). Deux vignettes pour les *Chansons populaires*. A la mine de plomb rehaussées de blanc. Ont été gravées.

85 — Décoration d'appartement. — Projet de diplôme. Deux dessins à l'aquarelle et aux crayons noir et blanc. Signés.

86 — **Divers**. La Visitation. Miniature sur parchemin.

87 — Eventail, sujet Louis XIII. Aquarelle sur vélin.

88 — Dessins divers anciens. Vingt pièces.

DEVÉRIA (A.)

89 — Dona Damiana, in-fol. Très belle epreuve. Rare.

90 — Portraits de Valenciennes architecte, Guy de Gisors, du Sommerard, Dohler, Jules David, etc. Neuf pièces, dont plusieurs rares.

DREVET (P.)

91 — Samuel Bernard, d'après Rigaud. Très belle épreuve, sans marge.

DREVET (Cl.)

92 — Le Comte de Zinzerdorf, d'après H. Rigaud. (Didot 15). Très belle épreuve. Rare.

DUTILLOIS

93 — Portrait de Béranger, d'après Scheffer. Très belle épreuve avant la lettre, marges in-12. Rare.

ECOLE ANGLAISE

94 — Shakespeare's seven ages of man, par Henry Alkin. Un album contenant sept planches en couleur.

95 — La Reine Victoria et les Dames de la Cour d'Angleterre, par Chalon et Hayter, in-4. Suite de douze pièces, très belles épreuves.

96 — Portraits de princes et princesses, d'après Chalon. Suite de dix pièces, très belles épreuves.

97 — Flovers of Loveliness, par E. J. Parris. Suite de treize pièces, belles épreuves.

98 — Finden's tableaux. Suite de douze pièces.

99 — Gravures diverses. Quinze pièces.

EGERTON (D. T.)

100 — The necessary qualifications of a man of fashion. Un album contenant douze planches en couleur, très belles épreuves.

101 — His late Royal highness the duke of York, par Pyall, in-fol. Très belle épreuve en couleur.

102 — Honey Moon. — A Blunt razor. — A Fowling party. — Innocent amusements. Quatre pièces en couleur.

FLAMENG (Léop.)

103 — La Pièce de cent florins, d'après Rembrandt. Très belle épreuve.

FORSTER

104 — Les trois Grâces, d'après Raphaël. Très belle épreuve avant la lettre sur chine.

105 — Frédéric-Guillaume III, roi de Prusse, d'après Gérard, in-fol. Très belle épreuve d'artiste sur chine.

GAVARNI (d'après)

106 — Les petits bonheurs. — Musiciens. Trente pièces.

GÉRARD (Fr.)

107 — Partie de l'Œuvre du baron Gérard. Vingt-quatre pièces, portraits et sujets.

GILLRAY (J.)

108 — The Union-Club. Très belle épreuve en couleur.

109 — A kick at the Broad-bottoms. — Political march of intellect. Deux pièces en couleur sur la même planche.

GREUZE (J. B.)

110 — Les premières leçons de l'Amour, par Voyez. Epreuve avant toutes lettres, marge.

111 — Portrait de Louis, médecin, in-fol. Très belle épreuve avant toutes lettres.

HAID (J. G.)

112 — The Musician, d'après Amoroso. Très belle épreuve.

HAWELL (Rob.)

113 — Vues de Londres, in-fol. Un album contenant dix pièces en couleur, très belles épreuves.

HAYTER (J).

114 — Portraits d'acteurs et scènes de théâtre. Neuf pièces, très belles épreuves.

HEATH (H.)

115 — Duke of York's own Rifle corps. Très belle épreuve en couleur.

116 — The Pleasures of the Rail-Road. Deux pièces coloriées.

117 — Poodles preparing for an aquatic excursion. — Berkley's black eyed maid. Deux pièces coloriées.

118 — Giving, Taking, Begging, Stealing. — Cuckoldum extraordinary. Deux pièces coloriées.

INGRES (d'après)

119 — Roger et Angélique, par Sudre. Superbe épreuve avant la lettre sur chine.

ISABEY (I.)

120 — Mme Dugazon, par Monsaldy. Très belle épreuve en couleur.

JACQUE (Ch.)

121 — Les Mois, par Adrien Lavieille. Suite complète de douze pièces sur chine volant.

JEAN (à Paris, chez)

122 — Famille royale de France; six portraits ovales. Très belle épreuve en couleur.

KAUFFMANN (A.)

123 — Hébé; pièce originale gravée à l'eau-forte. Très belle épreuve.

LAMI (Eug.)

124 — La grande allée. — Chevaux de louage. — Une averse. — Une course particulière. — Partie d'ânes. — Coupé. — Tilbury, etc. Dix pièces, très belles épreuves coloriées, toute marge.

LANE (Th.)

125 — Bath's Shampooing, par G. Hunt. Très belle épreuve en couleur.

LE BRUN (L.)

126 — Le Prélude amoureux, par Chatelain. Belle épreuve.

LE CLERC (Séb.)

127 — Représentation des machines qui ont servi à élever les deux grandes pierres du fronton du Louvre. Belle épreuve.

128 — Batailles de Flandre. Cinq pièces, très belles épreuves, grandes marges.

LEMUD (A. de)

129 — Maître Wollframb. Très belle épreuve avant la lettre. Rare.

LE PRINCE (J. B.)

130 — The Welcome Necos, par L. Marin. Très belle épreuve en couleur.

MARTIN (A.)

131 — The Confidants or le Billet doux, par J. Watson. Belle épreuve en bistre.

MAURIN (A.)

132 — Alexandra Feodorowna, impératrice de Russie. — Autre portrait de femme, in-fol. Deux pièces, très belles épreuves.

133 — Lithographies ; scènes du moyen-âge, in-fol. Onze pièces.

134 — Portraits. Trente-quatre pièces.

MEISSONIER (d'après)

135 — La Rixe, par Paul Chenay. Epreuve avant la lettre sur chine.

MERCURY (P.)

136 — Portrait de Condorcet. Très belle épreuve d'artiste. toute marge.

137 — Christophe Colomb, in-4. Belle épreuve.

MODES ET COSTUMES

138 — The March of bonnetism ; deux sujets sur la même planche. — Hurrah for the bonnets so big ! Deux pièces coloriées.

139 — It its the very fashion of the time, 1827. Très belle épreuve coloriée.

140 — A la mode, 1828 ; at home. Très belle épreuve color.

141 — Eccentrics ; moths-great and small, par G. Hunt. Très belle épreuve en couleur.

142 — Nothing extenuate nor aught set down in Malice. Belle épreuve coloriée.

143 — Much ado about nothing ! Belle épreuve coloriée.

144 — Quadrilles : La Poule. — La Finale. Deux pièces coloriées.

145 — Returned from the ball. Belle épreuve coloriée.

146 — A new way of gaining admittance to a lady's chamber. — Morning, noon, night. Deux pièces coloriées.

147 — A pair of fashionables. Belle épreuve coloriée.

148 — An attack of choléra at the horticultural Gardens. — Mermaids at Brighton. Deux pièces coloriées.

149 — The Horticultural fate. — The tunnel. Deux pièces coloriées.

MONNIER (Henri)

150 — Six quartiers de Paris ; suite complète de six pièces et un frontispice coloriés, très belles épreuves, toute marge.

151 — Sujets divers. Sept pièces dont trois coloriées.

NAPOLÉON (Estampes sur)

152 — Napoléon Ier en pied, in-fol. Très belle épreuve en couleur.

153 — Napoléon et sa famille. Vingt-quatre pièces.

154 — Vignettes pour le Consulat, par Karl Girardet et autres. Quarante pièces dont plusieurs sur chine volant.

155 — Vignettes tirées de différents ouvrages. Dix-sept pièces avant et avec la lettre.

NATTIER

156 — Marie, princesse de Pologne, reine de France, par J. Tardieu, in fol. Très belle épreuve.

NORTHCOTE (J.)

157 — La visite à la grand'mère, par J. R. Smith. Très belle épreuve en couleur. Encadrée.

158 — The village doctress, par J. Walker. Belle épreuve en noir.

159 — The death of Solinzeb, par J. Gaugain. Très belle épreuve en couleur.

ORNEMENTS

160 — Ornements anciens. Treize pièces, dont 2 dessins.

161 — Cahier de tapisserie de style Empire, in-4. Cinquante planches. Rare.

162 — Dessins de décoration des principaux maîtres; quarante planches reproduites sous la direction de M. Ed. Guichard, texte par M. Ernest Chesneau. Paris, Quantin, 1881, in-fol. Exemplaire en feuilles.

163 — Manuel de peinture, par Chabat. Soixante-trois pièces en couleur.

164 — Ornements et objets japonais. Vingt pièces.

165 — Terres cuites du Louvre. Vingt-deux pièces.

PHILLIPS

166 — The amorous Tyrolèse. — A Great political magician. Deux pièces coloriées,

PIÈCES HISTORIQUES

167 — Assemblée des notables tenue à Versailles le 22 février 1787, par Cl. Niquet, in-fol. — Journée du 17 juillet 1791. — Le ministre Linotte. — Déguisement aristocratique. Quatre pièces.

168 — Sujets et caricatures sur la Révolution. Treize pièces.

169 — Enthousiasme des Français pour Henri IV, lors de la translation de sa statue au Pont-Neuf, le 14 août 1818, par Marlet, in-fol. Très belle épreuve.

170 — Cérémonies du baptême de S. A. R. Mgr le duc de Bordeaux, le 1er mai 1821, par Marlet, in-fol. Très belle épreuve. Rare.

171 — Entrée solennelle de S. M. Charles X dans Paris après la cérémonie du sacre, par Marlet, in-fol. Très belle épreuve. Rare.

172 — Sujets historiques de 1830 et 1848. Neuf pièces.

PORTRAITS

173 — Portraits de religieuses : D. M. Lumague, fondatrice de la Maison de la Providence. — Mme Legras, fondatrice des filles de la Charité. — La V. M. Anne de Jésus, compagne de Ste-Thérèse. — Sainte Jeanne de Chantal. — Catherine Fontaine. — Mme Hélyot. — Ste-Scholastique, sœur de St-Benoit. Sept pièces.

174 — Portraits anciens, en couleur. Cinq pièces.

175 — Portraits gravés à l'aquatinte. Six pièces.

176 — Portraits étrangers. Sept pièces.

177 — Portraits de femmes célèbres. Quarante-huit pièces, la plupart avant la lettre.

178 — Portraits de dessinateurs et graveurs du 18e siècle, gravés par Varin, in-8. Quarante-et-une pièces.

179 — Assemblée nationale de 1848, par Bonhommé. — Rois de France. Ensemble quarante pièces.

PRUDHON (P. P.)

180 — La Raison conseille et le Plaisir entraîne. — L'innocence préfère l'Amour à la Richesse, par Roger. Deux pièces, très belles épreuves avant la lettre, grandes marges.

181 — L'Innocence préfère l'Amour à la Richesse, par Roger. Eau-forte pure. Rare.

182 — Le Coup de patte du chat, par Prudhon fils ; in-fol. Très belle épreuve.

183 — Les Vendanges. — Vénus et Adonis. — La Navigation. — La République française, etc. Douze pièces.

RAFFET

184 — L'Inspection. — Mon empereur, c'est la plus cuite. — Vive l'Empereur ! Lutzen. — Ils grognaient.... — Dernière charge des lanciers rouges à Waterloo. Cinq pièces, très belles épreuves du premier tirage.

185 — Représentant du peuple. — Conquête de la Hollande. — 13 Vendémiaire. — Carré enfoncé. — A ce jeu-là on n'attrape que des coups. — Provins, 1814. Six pièces, très belles épreuves du premier tirage.

186 — Catalans sur la Rambla de Barcelone. Epreuve avant toutes lettres sur chine. Rare.

187 — Scènes tirées de l'Histoire de la Révolution ; in-8. Deux épreuves d'artiste avant toutes lettres sur chine, tirées sur la même feuille. Très rares.

188 — Vignettes tirées de l'Histoire de la Révolution. Seize pièces.

189 — Vignettes tirées de l'Histoire du Consulat et de l'Empire ; in-8. Quarante et une pièces avant la lettre sur chine.

REMBRANDT

190 — Portrait de Rembrandt à la bouche ouverte (Cl. 13). Superbe épreuve avec les bords raboteux, marge. Collection D.

191 — Rembrandt à bonnet et robe fourrés (Cl. 14). Superbe épreuve avec les bords raboteux, grandes marges. Collection D.

192 — Rembrandt avec une écharpe autour du cou. (Cl. 17). Très belle épreuve du 3e état. Collections Dr W. A. et H.

193 — Homme faisant la moue (Cl. 304). Très belle épreuve, avec déchirure dans le haut. Extrêmement rare.

194 — Vieillard à tête chauve (Cl. 317). Très belle épreuve. Collection CP.

195 — Femme coiffée en cheveux ; portrait de la femme de Rembrandt (Cl. 337). Très belle épreuve. Collection H. W.

REYNOLDS (J.)

196 — Georgiana lady Viscountess Spencer, par Th. Watson. Très belle épreuve.

197 — Angels, réduction par W. Ward, in-4. Très belle épreuve, grandes marges.

ROGER (B.)

198 — En tête du Directoire exécutif, d'après Naigeon, in-4. Très belle épreuve.

RUSSELL (J.)

199 — Filial piety, par C. Watson. Très belle épreuve en couleur, grandes marges.

SPORT

200 — Going in first rate style — The passage of a cab — A tandem not quite right, par H. Alken. Trois pièces, très belles épreuves coloriées.

201 — Symptoms, of being amused, par Alken. Un album contenant quarante pièces coloriées.

202 — Sporting meeting in the highlands. — The Elopement — Waggon, par Alken et autres. Trois pièces, très belles épreuves en couleur.

203 — Newmarket races, par Alken. Deux pièces coloriées; réimpr.

204 — The comforts of a cabriolet! par G. Cruikshank. Très belle épreuve coloriée.

205 — Going it! par G. Cruikshank. Très belle épreuve en couleur, toute marge.

206 — Pope by Whiskey. — Sir David by Trumpator, par A. Dubost. Deux pièces.

STRANGE (R.).

207 — Henriette de France et ses enfants, d'après Vandyck. Belle épreuve.

THOMASSIN (S.).

208 — Et. Le Camus, évêque de Grenoble, buste fort comme nature. Belle épreuve.

VALENTIN (H.).

209 — Diplôme de l'Exposition régionale de l'Industrie à Rouen, in-fol. Douze épreuves.

210 — Diplôme de la Société musicale d'Yvetot. — Affiches. Neuf pièces.

211 — Adresses. Vingt-neuf dessins et gravures.

212 — Armoiries. Trente-quatre dessins et gravures.

213 — Titres, frontispices, culs-de-lampe, couvertures. Quarante-deux dessins et gravures.

214 — Dessins de vignettes pour divers Romans. Cent trente-cinq pièces.

215 — Fumés sur chine. Environ cent pièces.

216 — Alphabet de vues de Paris. Trente dessins et fumés.

VERNET (Carle)

217 — La Boutique de Delpech. — Album lithographique de 1821. Neuf pièces, la plupart avant la lettre.

VERNET (H.)

218 — La Bataille d'Isly, par Paul Girardet. Belle épreuve.

VIGNETTES

219 *Béranger*. Trois figures de Johannot, pour les *Chansons*, in-12. Épreuves d'artiste sur chine.

220 *Bernardin de St-Pierre*. Suite complète de sept portraits pour *Paul et Virginie*, édition Curmer. Très belles épreuves avant la lettre sur chine. — La *Brahmine* est avant toute lettre et avec l'étoile. Très rare.

221 — Portrait de Paul, par Revel d'après Tony Johannot. Très rare épreuve *non terminée* avec les noms d'artistes à la pointe et avant le filet d'encadrement, toute marge. — Plus une épreuve terminée.

222 *Coppée*. Douze figures d'après Flameng, in-8. Photographies collées sur bristol.

223 *Lafontaine*. Soixante-neuf fig. d'Eisen pour les Contes, in-8. Epreuves en tirage moderne pour la plupart.

224 *Molière*. Figures de Foulquier, in-8. Vingt-quatre pièces avant la lettre sur chine.

225 *Musset* (Alf. de). Suite de vingt-huit figures de Bida, in-8. Photographies collées sur chine.

226 *Walter-Scott*. Portraits de femmes. Cinquante-quatre pièces avant et avec la lettre.

227 — Vignettes, fleurons et cartes. Environ cent pièces.

228 *Divers*. Vignettes de Moreau, pour lesŒuvres de Boileau, Racine, Voltaire, etc. Vingt-trois pièces, anciennes épreuves.

229 — Figures pour les Œuvres de Boileau, Chateaubriand, la Sainte Bible, etc. Quatre-vingt-trois pièces.

230 — Vignettes tirées des Œuvres de Rousseau, Voltaire, Lord Byron, Walter-Scott. Soixante-treize pièces avant et avec la lettre.

VUES

231 — Profils de Paris, par Boisseau et Charpentier. Deux pièces, dont une coloriée.

232 — Plans et vues de Paris de Blaëu, Méryan, Defer et autres. Cinq pièces.

233 — Vues de Paris, par Chaufourier et Aveline. Cinq pièces.

234 — Cartulaire général de Paris. Cinq pièces en couleur.

235 — Vues de l'abbaye de Fécamp. Dix-sept photographies.

236 — Restauration du château de Marly, eaux-fortes de Guillaumot, seize planches. — Monographie du château d'Heidelberg, dix planches. Ensemble vingt-six pièces.

237 — Vues de Paris et de France. Quarante-neuf pièces.

238 — Vues étrangères, modernes. Environ cent pièces.

239 — Collection de soixante-quinze vues du Brésil lithographiées par Clerget, Eug. Ciceri, Barathier, Jaime, Sabatier, Tirpenne et autres, in-8. Exemplaire en feuilles, dans un carton.

240 — Vues et costumes de la Chine, par Alexander. Un album contenant trente-six planches en couleur, avec texte.

WESTALL (W.)

241 — Picturesque tour of the river Thames, in-fol. Un album contenant douze vues en couleur.

GRAVURES DIVERSES

242 — Gravures par et d'après Rembrandt et A. Durer. Dix-neuf pièces.

243 — Gravures par et d'après Ostade, Téniers, Le Brun, Della Bella et autres. Trente-quatre pièces.

244 — Les Loges de Raphaël au Vatican, par N. Chapron. Cahier de cinquante-deux pièces.

245 — Petits sujets du 18e siècle. Six pièces en couleur.

246 — Eaux-fortes pures : Triomphe de Silène, par de Launey. — La lettre envoyée, d'après Le Prince.— L'Ermite sans souci, par Miger. — Port de mer, d'après Joseph Vernet, etc. Neuf pièces.

247 — Ecole du XVIIIe siècle. Dix pièces.

248 — Frontispices sur bois du XVIe siècle, in-fol. Dix-huit pièces.

249 — Adresses, frontispices, menus, ex-libris. Quarante pièces.

250 — Lithographies par Cogniet, Dupré, Monvoisin, Thomas, H. Vernet. Dix-neuf pièces.

251 — Lithographies par et d'après Devéria, Madou, Baron, Delacroix, etc. Vingt-et-une pièces.

252 — Reproductions de dessins de Fragonard, Greuze et Saint-Aubin. Treize pièces.

253 — Reproduction en héliogravure des principaux tableaux du Titien. Quatorze pièces avant la lettre.

254 — Gravures diverses anciennes. Trente-six pièces.

255 — Gravures modernes en couleur, in-fol. Douze pièces.

256 — Gravures diverses modernes. Environ cinquante pièces.

257 — Photographies, école française et sujets gracieux. Dix pièces.

258 — Photographies d'après Raphaël, Michel Ange, etc. Seize pièces.

259 — Photographies d'après les anciens Maîtres et vues de Rome. Quarante-trois pièces non collées.

260 — Recueil de gravures sur bois, albums de voyages, Exposition du Cercle de la librairie. Cinq vol.

261 — Musique ancienne. Six albums dont plusieurs avec vignettes lithogr.

262 — Sous ce numéro seront vendus plusieurs portefeuilles de gravures diverses et quelques cartons de moyenne grandeur.

Grande Imprimerie du Centre. — Herbin, à Montluçon.

www.ingramcontent.com/pod-product-compliance
Ingram Content Group UK Ltd.
Pitfield, Milton Keynes, MK11 3LW, UK
UKHW022147260726
13993UKWH00005B/2207

9 782329 516615